TROIS

SATIRES POLITIQUES.

IMPRIMERIE DE DAVID,
BOULEVARD POISSONNIÈRE, N. 6.

TROIS
SATIRES POLITIQUES,

Précédées d'un Prologue.

PAR

M. ANTONI DESCHAMPS.

Atene e Lacedemona che'fenno
L'antiche Leggi, e furon si civili,
Fecero al viver bene un picciol cenno,
Verso di te che fai tantò sottili
Provvedimenti, ch'a mezzo novembre
Non giange quel chetu d'ottobre fili.

DANTE.

PARIS.

R. RIGA, LIBRAIRE,
1, FAUBOURG POISSONNIÈRE.

WERDET, LIBRAIRE,
21, RUE DES GRANDS-AUGUSTINS.

LEVAVASSEUR, AU PALAIS-ROYAL.

M DCCC XXXI.

AUX HOMMES DU PASSÉ.

PROLOGUE.

AUX HOMMES DU PASSÉ.

Prologue.

Hommes de l'empereur et de la cour des rois
Ou de la république, enfin gens d'autrefois,
Ne sentez-vous donc pas que depuis tant d'années
Que vous nous ballotez dans vos mains décharnées,
Quelque chose de pur, invisible à vos yeux,
Sur la terre de France est descendu des cieux ;
Et que ce jeune siècle, espérance du monde,
Sur vos fronts décrépits lève sa tête blonde,
Et regarde à l'entour s'il n'apercevra pas
Une main jeune aussi pour diriger ses pas ?
A vous voir, spectres blancs, vous disputer encore
Le droit de gouverner l'âge qui vient d'éclore,
On dirait trois mourans, les pieds dans le tombeau,
Se disputant à qui prendra soin d'un berceau.

Votre règne est passé, je vous le dis : arrière !
A d'autres maintenant l'orageuse carrière ;
A d'autres la tempête ou bien le ciel serein ;
A d'autres le navire au grand timon d'airain.
Le siècle ne veut plus que votre main le tienne ;
Votre religion n'est déjà plus la sienne ;
Votre absolu pouvoir n'est plus sa royauté,
Et votre liberté n'est pas sa liberté.

Août 1830.

SATIRES.

L'AMOUR D'AUJOURD'HUI.

L'AMOUR D'AUJOUD'HUI. [1]

Satire I.

J'AIME avec passion la terre d'Italie,

Et j'en parle toujours, et c'est là ma folie !

C'est la terre du vrai, du beau, du naturel...

Or, aujourd'hui je veux élever sur l'autel

[1] Cette pièce est extraite d'un recueil inédit intitulé *les Italiennes*, et sert de transition à la satire politique, genre de poésie que l'auteur se propose d'écrire dorénavant : poésie de mépris et de haine, la seule faisable aujourd'hui ; car, par le temps qui court, le poète doit aussi faire entendre sa voix ; mais afin qu'on la reconnaisse au milieu de tout ce fracas, il parlera sa langue, sans chercher à bégayer celle des avocats et des *hommes d'affaires*, dût-il manquer ce qu'on appelle *sa carrière politique*.

Ces femmes qui, sans prendre un petit air malingre,
Regardent comme fait cette odalisque d'Ingre,
Ne grimacent jamais sous un front emprunté
Et marchent librement belles de leur beauté ;
Aiment ce qu'elles font, le font avec franchise ;
Se mettent à genoux, par terre, dans l'église,
Et le soir, sans penser à ce qu'on en dira,
Battent naïvement des mains à l'Opéra;
Portent dans leur poitrine et l'amour et la haine,
Et ne rejettent rien de la nature humaine ;
Gardant à leur *fidèle* un cœur chaud de désir
Et le stylet romain à qui veut les trahir. —
Mais, au nord, quelquefois on voit de ces poupées,
De linge et de chiffons sans cesse enveloppées,
Que l'on pourrait sonder à toute profondeur.
Sans rencontrer jamais ce qu'on appelle cœur ;
Leurs sens sont accablés de molles léthargies ,
Plantes de serre chaude, écloses aux bougies,
Elles veulent pour vivre un air artificiel,
Et se fanent aux feux de l'œil brûlant du ciel.
Des hommes de boudoir, plus efféminés qu'elles,
Se sont chargés du soin de façonner ces belles,

Et, comme on fait des airs pour certains instrumens,
Pour elles ont réduit tout jusqu'aux sentimens !
Aussi, qu'en ce pays se rencontre une femme
Aimant comme on le doit, avec toute son âme,
Quelqu'un ou quelque chose, ou même simplement
La musique, la danse, un divertissement :
For shame ! dit le monde, *ô femme inconséquente !*
Et pour ces puritains c'est presqu'une bacchante !
Or, ces êtres moraux , indifférens , usés,
Traînant dans les salons leurs visages blâsés,
Ainsi que d'un grand vice, en leur hypocrisie,
Se gardant de l'amour et de la poésie,
N'est-il rien qui les touche et les remue au fond,
Et les montre à la fin sans masque et tels qu'ils sont?..
Comme pour mettre au jour sa féroce nature
Le maître d'un lion lui jette sa pâture,
Qu'on leur jette de l'or, et vous les verrez tous,
Hommes, femmes, bondir, et d'un regard jaloux
Le couver, témoignant, par de longs cris de joie,
Que là tendait leur âme et que c'était sa proie,
Et ces yeux languissans et fermés à moitié
Vont s'ouvrir, et ces mains, froides à l'amitié,

S'allonger et montrer à qui voudra les peindre
Que lorsqu'il s'agit d'or elles savent étreindre !
Car cette soif de l'or est notre mal cuisant,
Et c'est le seul amour qu'on avoue à présent !

Donc, bien qu'en ces beaux jours la féconde industrie
Couvre de ses trésors le sol de la patrie ;
Que chaque citoyen, tout gonflé de ses droits,
A leur juste valeur estime enfin les rois ;
Que des prêtres de Dieu les enfans même rient ;
Bien qu'en ce chaste temps les acteurs se marient ;
Que Charle et les Bourbons en tous lieux soient haïs ;
Que l'on comprenne assez les besoins du pays ;
Que la France, suivant la forme consacrée,
Ait repris ses couleurs et soit régénérée ;
Que la Charte à présent soit une vérité ,
Et qu'on l'ait répété jusqu'à satiété ;
Que des républicains aux figures sinistres
Demandent par vertu cris la tête des ministres !...

Pour cet amour de l'or, ardent, universel,
Pour le culte assidu de cet ignoble autel,

Ce siècle ayant fini sa brillante carrière,

Et comme ses aïeux ayant fait sa poussière,

Par l'inflexible doigt de la postérité

Entre les plus mauvais, un jour, sera compté !

Décembre 1830

LES FLATTEURS DE POPULACE.

LES FLATTEURS

DE POPULACE.

Satire II.

JE voudrais bien encor parler de l'Italie,
Car, je l'ai déjà dit, je l'aime avec folie ;
Et, comme un homme ayant regardé le soleil,
Dans l'ombre voit encor son beau disque vermeil,
Moi, je vois toujours Gêne au pied des monts couchée,
Naple et ses orangers, Pise et sa tour penchée,
Et le dôme de Sienne au clocher jaune et noir,
Les dames de Venise en gondole le soir,

L'athénienne Florence, antique et noble ville
Montrant encor le sang de la guerre civile
Sur le mur crénelé que le temps a noirci,
Et les anneaux de fer du vieux palais Strozzi,
Et puis le Vatican et sa splendeur étrange,
Et Raphaël d'Urbin, et Dante, et Michel-Ange,
La campagne de Rome et ses grands horizons,
Ses terrains sillonnés de sublimes façons,
Et les beaux chênes verts, amour de la peinture,
Et l'Italie enfin et sa large nature ;
Et puis j'ai toujours là, présent devant mes yeux,
Ce prêtre en cheveux blancs qui tient la clef des cieux,
Sans puissance aujourd'hui, pauvre vieillard austère,
Accomplissant, muet, son divin ministère,
Et portant dans sa main le sceptre épiscopal,
Comme un marbre aboli tient le sceptre augural...
Adieu donc cependant, Naple, Rome, Florence,
Terre que je chéris ainsi qu'une autre France,
Et dont l'ardent soleil à la fin éveilla
Un feu qui dans mon sein trop long-temps sommeilla ;
Terre, dont la pensée à toute heure m'enivre,
Et pour laquelle, un jour, j'ai commencé ce livre ;

Car il faut de l'amour, un cœur libre et joyeux
A qui veut déployer ton manteau radieux ;
Et mon ame est de plomb ; je souffre, je soupire ;
Et tout ce que je vois me pousse à la satire ,
Et je sens tous mes nerfs se tendre , et, chaque jour,
Grandir en moi la haine et décroître l'amour.

Le moyen, dites-moi, de souffrir, sans colère ,
Ce qu'on jette à présent au stupide parterre ,
Ce qu'on lit le matin dans d'infâmes journaux ,
Ce qu'on entend le soir sur d'infâmes tréteaux ?
Ah ! laissez donc en paix descendre dans la tombe
Les prêtres et les rois , enfin tout ce qui tombe,
Même ceux que le peuple, avec sa main de fer,
Poussait au mois d'août du côté de la mer.
Laissez Napoléon dans son île lointaine
Dormir tranquille , au bruit de la vague africaine.
Si vous le réveillez, que ce soit hardiment :
Tirez-le tout entier de son froid monument ,
Afin qu'on puisse voir, sur cette ombre sublime ,
S'il n'est point une tache, indice de son crime.

Montrez-vous revêtus de votre dignité,

Poètes, dévoilez toute la vérité.

Or, il est quelque chose, aux fossés de Vincenne,

Qu'on pourrait exhumer et traîner sur la scène :

Le fait est historique... il est *tragique* aussi.

Mais chacun, direz-vous, le sifflerait ici :

Il faudrait se résoudre à braver le vulgaire,

Qui sait? les étudians... Cela ne se peut guère.

Depuis que nous avons conquis nos libertés,

Nous nous sentons les bras liés de tous côtés...

Eh bien, silence donc! faiseurs de vaudevilles,

Qui trafiquez chez nous des querelles civiles

En d'ignobles couplets, où le parti des morts

Est lâchement foulé sous les pieds des plus forts ;

Gens qui voulez de l'or, et dont la frénésie

Va profanant partout la sainte poésie,

Vous que je voudrais voir, ceints de vils tabliers,

Croupir dans une échope à faire des souliers ;

Car à ce métier là l'on gagne aussi sa vie,

Et c'est du moins sans crime et sans ignominie !

Certes, si vous avez à répandre du fiel,

Le temps est bon, messieurs, j'en jure par le ciel!

Sur les vainqueurs du jour on peut se satisfaire ;

Mais, de grâce, épargnez des ennemis à terre :

C'est le vice debout, le vice envahissant

Qu'il faut stigmatiser d'un fouet retentissant.

Votre dos à présent, flatteurs de populace :

Les courtisans de rois vous ont cédé la place.

Il en est un surtout qu'au jour je traduirai ;

Tandis qu'il est puissant je le fustigerai :

Dans un acte public il parle de lui-même,

Vient tutoyer le peuple, et lui dire : Je t'aime !

Et qu'avons-nous besoin, fat, de ton amitié ?

Tous ces grands airs chez toi sont à faire pitié.

Lafayette peut bien, sans craindre la satire,

Se dire notre ami ; chacun tout haut l'admire ;

Mais toi, ton double nom résonne encor trop bas :

Gouvernez-nous, PRÉFET, et ne nous aimez pas...

J'ai honte de frapper un homme populaire.

Que n'attendais-je au jour, j'épargnais ma colère ;

Mais je ne puis lâcher ainsi ces hommes d'or,

Nobles du temps présent qui passeront encor,

Et qui dans ces instans de publique souffrance,

Avec les avocats se partagent la France.

Aussi grands citoyens , mais moins intelligens ,

Ces banquiers, après tout, sont d'assez pauvres gens

Ils ne comprennent bien qu'un côté de la vie :

Donc la religion, l'art, la philosophie,

Dans leurs étroits cerveaux ne sauraient pénétrer,

Vu que ces choses-là ne se peuvent chiffrer.

Aussi souhaitent-ils qu'enfin notre patrie

Se change tout entière en fourneau d'industrie;

Car l'homme, suivant eux, vit seulement de pain.

Mais ainsi que son corps, messieurs, son ame a faim

Et ce n'est pas à vous, gens d'épaisse nature ,

Qu'elle ira demander sa sublime pâture :

C'est à ceux qui s'en vont prodiguant de leurs main.

Une manne céleste aux profanes humains ,

Les consolent des jours passés dans la poussière,

Et soulagent l'esprit du poids de la matière :

Les poètes divins que vous placez si bas ,

Et qui, lorsque vaincus dans les prochains combats,

Vous dormirez couverts par une nuit profonde,

Ainsi qu'aux jours anciens gouverneront le monde,

Eux qui, dans la ferveur du siècle industriel,

Quand tous sont prosternés , seuls regardent le ciel ,

Et tandis qu'à grands frais vous faites de l'*utile*
Et des chemins de fer pour des passans d'argile,
Chantent, de peur qu'on dise en voyant tout cela :
Ah ! le monde est si vieux que son ame s'en va !

Or écoutez, lecteur, un acte épouvantable,
Acte pénible à croire, et pourtant véritable ;
Et, comme Dante ici j'oserai l'affirmer,
Car j'ai vu le coupable, et je puis le nommer.
L'autre jour, à Paris, dans la ville où nous sommes,
Un courtier, en causant avec un de ces hommes,
Un de ces financiers, déposa son chapeau
Sur le maroquin vert du splendide bureau.
Le financier trouva la licence incongrue,
Et d'un revers de main le jeta dans la rue.
Or, l'autre avait du cœur, mais une femme aussi,
Et des petits enfans qu'il nourrissait ainsi,
Et venait au Mondor demander une affaire...
Il se mordit la lèvre, et forcé de se taire,
Maudit l'homme au cœur sec, et l'implacable faim
Qui l'obligeait, hélas ! d'en attendre du pain ;

Et ce père, navré jusques au fond de l'ame,

Lâche pour ses enfans et lâche pour sa femme,

Immobile et muet dévora son affront,

Et sortit sans cracher sur cet ignoble front.

Ah ! par le ciel ! messieurs de la haute finance,

Qui narguez vos vassaux de tant d'impertinence,

Votre aristocratie est plus lourde à porter

Que celle que nos fronts viennent de rejeter !

La première n'est plus ; prenez garde à la vôtre :

On en ferait bientôt ce qu'on a fait de l'autre !

Janvier 1831.

LES HOMMES POLITIQUES.

LES HOMMES POLITIQUES.

Satire III.

El desden por el desden.
CALDERON.

A M. ALFRED DE VIGNY.

L'HOMME, le général de la Convention,
De brumaire, bourreau de cette nation,
NAPOLÉON, despote, à la France sut plaire ;
Ce mitrailleur de peuple est toujours populaire :

C'est que le peuple admire et craint les hommes forts,

Et ne bronche jamais tant qu'il sent bien le mors,

C'est un cheval. rétif au cavalier timide,

Et docile à la main qui lui tient haut la bride.

Or, le peuple français comprend l'égalité,

Mais il profane encor la sainte liberté.

Ces paroles, lecteur, doivent te sembler dures :

Tu peux, si tu le veux, les prendre pour injures,

Mais, dût-on m'appeler ami de CHARLES DIX,

C'est là ce que je pense, et partant, je le dis.

Donc, messieurs du pouvoir, qui, dans ces temps de crise,

Avez courbé le dos sous la grande entreprise,

Gouvernez, gouvernez, c'est là votre métier ;

Et tenez-vous toujours fermes sur l'étrier ;

Et si votre cheval a l'humeur volontaire,

Qu'il veuille, en se cabrant, jeter son maître à terre,

Il faudra, cavaliers, le mater rudement,

Arrêter, et non pas *régler* son mouvement.

Quand des fautes du prêtre on punira le temple,

N'allez pas nous donner le ridicule exemple

D'un ministre niais, venant le lendemain,

Tirer aux yeux de tous, d'une tremblante main ,

La corde que le peuple, en sa brute colère,
Attacha hardiment à la croix séculaire.
Marchez devant ce peuple, et ne le suivez pas :
Au sentier du devoir faites rentrer ses pas.

Voyez en quel état est notre pauvre France,
Et comme son beau corps se tord dans la souffrance !
Ses enfans bien-aimés, en pleurs, et leurs cerveaux
Se creusant à chercher remède à tant de maux ;
Ses lugubres cités, champ de bataille étrange.
Où vainqueurs et vaincus sont couchés dans la fange;
Les plus forts abattus et ceux-là consternés ;
Qui portaient leurs fronts haut et d'espoir couronnés ;
L'ambition partout, nulle part le génie ;
La foi morte en nos cœurs, l'Église à l'agonie;
Comme des histrions avides de succès,
Des prêtres chantant vêpre et la messe en *français,*
Et dans une boutique en autel travestie,
Faisant couler le sang de la divine hostie!
Et cependant l'Europe entr'ouvrant à la fois
Mille volcans nouveaux sous les pieds de ses rois ;

Et pour garder la paix, cette blanche déesse,
Nos pouvoirs se traînant de bassesse en bassesse ;
Le sol tremblant sous nous, et la société
Marchant comme un aveugle et sans but arrêté !
Ah ! par le ciel ! messieurs, punissez les coupables,
Et si, comme on le dit, vous en êtes capables,
Ailleurs que sur les plis d'un drapeau tant fêté
Unissez donc enfin l'ordre et la liberté !
Et toi, peuple, torrent dont le flot indocile
Gronde et bondit encor dans cette grande ville,
Laisse, laisse debout ces sacrés monumens,
Vénérables témoins de tant d'événemens,
Contempler, à travers leurs rosaces gothiques,
L'émeute, aux pied confus, sur nos places publiques.
Que les coups du bélier cessent de retentir :
Assez, assez détruit ! il est temps de bâtir.
Citoyens, balayez ces monceaux de ruines,
Et cherchez l'architecte aux belles mains divines !

Mais si, le long des quais, les jours étant venus,
La rouge GUILLOTINE élevait ses bras nus,

Alors frappez, marteaux, et vous, fourches pesantes,
Abattez, renversez, et sous vos dents puissantes
Faites craquer ses os, et lambeau par lambeau,
Déchirez l'effrontée , avant que son couteau ,
Luisant comme l'éclair au fort de la tempête,
Ne jette au vil panier une coupable tête ;
Car, après le coupable il faudrait l'innocent ,
Ce monstre-là buvant toute espèce de sang.

Or, à quoi bon prévoir de si grandes misères,
Et rappeler ce temps si funestes aux mères ,
Temps qu'on ne verra plus, car, on nous l'a juré,
Depuis six mois entiers l'homme est régénéré !
D'ailleurs, les nations valent-elles la peine
Que pour leurs intérêts on affronte la haine
De ces écervelés, Brutus d'estaminet ,
Planteurs de l'arbre droit au sinistre bonnet ?
Certe, à voir ce qu'on gagne aux affaires publiques,
Je prends en grand pitié les hommes politiques,
Qui passent devant nous d'un air si dédaigneux ,
Et qui devraient garder tout ce dédain pour eux :

3

Pour eux, dont le cœur vide obéit à la tête,
Dont le deuil est si long, et si courte la fête ;
Pour eux, tristes jouets de l'aveugle destin,
Qui sur leurs gradins verts vient les prendre un matin,
Les porte à la fortune avec un tour de roue,
Avec un autre aussi les jette dans la boue :
Papillons qui s'en vont, d'un vol précipité,
Se brûler au flambeau de la publicité ;
Puis, traînant l'aile, vieux, dans une solitude,
Se plaignent des partis et de l'ingratitude !

Alfred, ce n'est pas toi qui voudrais, à ce prix,
T'asseoir à leurs côtés, sous leurs vastes lambris,
Comme un cygne tombé dans un marais immonde,
Souiller ta plume blanche en la fange du monde,
Et mêler, pour la perdre en ce bruyant séjour,
Ta parole immortelle à leur fracas d'un jour !
Non, non, ce n'est pas là le poste du poète :
La muse chante au temple, ailleurs elle est muette.
Comme on fait aujourd'hui, toi, tu ne voudrais pas
Prostituer ta lyre aux choses d'ici-bas :

Tu l'estimes trop sainte, et méprisant la ruse,
Tu n'attachas jamais de cocarde à ta muse.

Les dieux Lares sont tout et le Forum n'est rien
Pour moi qui place l'homme avant le citoyen :
Fi de l'ambition, vieille à l'humeur grondante,
Épouse que l'on prend quand on n'a plus d'amante,
Quand aux émotions qui l'avaient tant charmé
Le pauvre cœur humain est tout entier fermé !

Ami, l'amour de Dieu, de l'art et de la femme
Est le seul aliment digne d'une belle âme :
Celui qui ne sent pas, au midi de ses jours,
Habiter en lui-même un de ces trois amours,
Est mauvais à mon sens, et, fût-il *populaire*,
Je le tiens enfanté dans un jour de colère,
Et je ne voudrais pas, pour son fragile bien,
Porter dans ma poitrine un cœur pareil au sien.

Avril 1831.

FIN.

LIBRAIRIE DE WERDET,
RUE DES GRANDS-AUGUSTINS, N° **21**, A PARIS

LEVAVASSEUR, | **MONGIE,**
AU PALAIS-ROYAL. | BOULEVARD DES ITALIENS.

MÉMOIRES,

SOUVENIRS ET ANECDOTES

SUR

L'INTÉRIEUR DU PALAIS

DE

DE CHARLES X,

ET LES ÉVÉNEMENS DE 1815 A 1830,

PAR M. THÉODORE ANNE,

EX-GARDE-DU-CORPS DE LA COMPAGNIE DE NOAILLES,
OFFICIER DE CAVALERIE EN DISPONIBILITÉ.

DEUX VOLUMES IN-8°. — PRIX : 13 FR.

LE succès qu'a obtenu le *Journal de Saint-Cloud à Cher-
bourg* nous a décidés à traiter avec M. Théodore Anne de
l'ouvrage que nous annonçons.

Garde-du-corps de MONSIEUR, et ensuite du roi
Charles X, de 1823 à 1830, l'auteur a vu cette cour dont
la vie s'est perdue dans le mouvement populaire de Juillet : tous ces grands seigneurs si bien dorés ont défilé
tour-à-tour devant lui, et quelque brusque qu'ait été
leur passage, il n'a pas été si prompt qu'il n'ait eu le
temps de saisir quelque chose de leurs manières, de leurs
allures, de leur dévouement, de leur fidélité, de leurs

opinions surtout, si énergiques jusqu'au 26 juillet, si pâles, si décolorées, si obliques, depuis l'instant où les masses se sont levées comme un seul homme. Ces Mémoires auront le mérite de l'à-propos et de la nouveauté; car qui connaît la cour du dernier roi?

Messes, spectacles, concerts, chasses, grands couverts, l'auteur a tout vu, son service l'appelant partout. Il nous dira l'importance des courtisans, leurs inquiétudes ou leurs espérances, l'étiquette scrupuleusement observée, quelquefois grande et majestueuse, plus souvent petite et ridicule : les portraits seront esquissés sans aigreur, sans haine, sans esprit d'animosité, mais avec cette vérité qui, basée sur des faits, reste sans réfutation. Les chapitres sont distribués d'une manière piquante ; le style est rapide, gai, concis, souvent attachant; en un mot, c'est une macédoine spirituelle, une suite d'anecdotes curieuses qui sont jetées çà et là au milieu de choses d'un intérêt plus grave ; un de ces livres, enfin, que l'on prend, que l'on quitte, que l'on reprend, qui quelquefois vous intéressent, qui toujours vous amusent.

Cet ouvrage ne contiendra que les deux volumes annoncés. L'éditeur n'entend point se livrer à cette spéculation mercantile qui consiste à profiter du succès d'une publication pour en multiplier à l'infini les livraisons, et faire ainsi d'un ouvrage intéressant d'abord, une œuvre aussi longue et aussi fatigante qu'elle devient dispendieuse pour les souscripteurs.

CHRONIQUES

ET

TRADITIONS SURNATURELLES

DE LA FLANDRE,

PAR M. H. BERTHOUD,

RÉDACTEUR EN CHEF DE LA GAZETTE DE CAMBRAY ;

Publiées par M. Charles Lemesle.

Un beau volume in-8° imprimé avec soin, orné d'une jolie vignette d'après Tony Johannot. Prix ; **7 fr. 50 c.**

Cet ouvrage réunit tous les genres d'intérêt , même celui de l'histoire, car l'auteur, qui, au talent de l'écrivain, joint le mérite de l'érudit, a su donner à ses tableaux comme à ses portraits la physionomie qui caractérise les choses et les hommes des époques auxquelles il a emprunté sujets et modèles.

RÉPONSE

A LA DERNIÈRE BROCHURE

DE

M. LE VICOMTE DE CHATEAUBRIAND,

PAR M. DE MAUBREUIL.

Brochure in-8°. Prix : **1 fr. 50 c.**

PROVERBES

DRAMATIQUES,

PAR CHARLES LEMESLE.

SECONDE ÉDITION,

AUGMENTÉE D'UNE CHARADE DRAMATIQUE EN TROIS PROVERBES,

ET PRÉCÉDÉE

DES PROVERBES AU 18ᵉ ET AU 19ᵉ SIÈCLE,

PAR P.-L. JACOB,

BIBLIOPHILE, AUTEUR DES SOIRÉES DE WALTER SCOTT.

Un beau vol. in-8°. Prix : 7 fr. 50 c

Le succès de vogue qu'a obtenu la première édition nous dispense de vanter ces Proverbes, préférés, du reste, par beaucoup de personnes, à ceux de M. Théodore Leclercq. Nous ne nous permettrons qu'une seule observation : M. Théodore Leclercq a peint les hommes d'une époque, M. Charles Lemesle ceux de tous les temps : les mœurs changent ; le cœur humain ne change point.

IMPRIMERIE DE DAVID, BOULEVARD POISSONNIÈRE, Nº 6.

www.ingramcontent.com/pod-product-compliance
Lightning Source LLC
Chambersburg PA
CBHW061342050726

47595CB00005B/2042

9 782013 275422